Philemon Sokime

Explorar estratégias relacionadas com a usabilidade das tecnologias de apoio

Philemon Sokime

Explorar estratégias relacionadas com a usabilidade das tecnologias de apoio

na implementação da educação inclusiva entre professores com deficiência visual na Tanzânia

ScienciaScripts

Imprint
Any brand names and product names mentioned in this book are subject to trademark, brand or patent protection and are trademarks or registered trademarks of their respective holders. The use of brand names, product names, common names, trade names, product descriptions etc. even without a particular marking in this work is in no way to be construed to mean that such names may be regarded as unrestricted in respect of trademark and brand protection legislation and could thus be used by anyone.

Cover image: www.ingimage.com

This book is a translation from the original published under ISBN 978-620-7-84321-3.

Publisher:
Sciencia Scripts
is a trademark of
Dodo Books Indian Ocean Ltd. and OmniScriptum S.R.L publishing group

120 High Road, East Finchley, London, N2 9ED, United Kingdom
Str. Armeneasca 28/1, office 1, Chisinau MD-2012, Republic of Moldova, Europe
Printed at: see last page
ISBN: 978-620-8-13628-4

Exploração de estratégias relacionadas com a utilização de tecnologias de apoio na implementação da educação inclusiva entre professores com deficiência visual na Tanzânia

Philemon Sokime *

FACULDADE UNIVERSITÁRIA DE JORDÃO

A Constitute of St. Augustine University of Tanzania

P. O. Box 1878, Morogoro, Tanzânia - África Oriental

**Autor* correspondente*: sokime2012@gmail.com*

Resumo: *Este estudo centrou-se na exploração de estratégias relacionadas com a usabilidade das tecnologias de apoio (TAs) na implementação da educação inclusiva entre professores com deficiência visual na Tanzânia. O estudo utilizou uma conceção de investigação convergente no âmbito de uma abordagem de investigação mista orientada pelas teorias do Modelo de Deficiência Social, do Modelo de Desenho Universal para a Aprendizagem e do Modelo de Aceitação de Tecnologia. O estudo também recolheu dados e informações de sessenta e sete (67) participantes, utilizando técnicas de amostragem probabilísticas e não probabilísticas. São utilizados testes estatísticos descritivos e inferenciais para os dados quantitativos e procedimentos de análise temática para analisar a informação qualitativa. O estudo revelou a existência de uma escassez de TAs devido a políticas de contratação pouco claras, a infra-estruturas de TAs inadequadas e ao custo elevado das TAs. No entanto, o estudo concluiu que há falta de TAs na Universidade A, o que generaliza as mesmas condições a outras universidades da Tanzânia. A hipótese testada indica que existe uma relação entre as aplicações das TA para as AIV e o VIS para a implementação efectiva de um currículo universitário. Este estudo concluiu que, na Universidade A, existem vários constrangimentos relacionados com a disponibilidade e a aplicação das políticas de TA. Por conseguinte, o estudo recomenda que os órgãos responsáveis definam políticas claras para que as universidades da Tanzânia adoptem as TA, as AIV e o VIS como procedimentos obrigatórios para a sua* *acreditação como universidades de pleno direito.*

Palavras-chave: Tecnologias Assistivas, Deficiência Visual, Inclusão, Currículo, Implementação

1. Introdução

O século XXI é caracterizado por aplicações tecnológicas. Nesta era de competências sofisticadas, as tecnologias de assistência (TAs) apoiam o desenvolvimento de competências como a literacia digital, a adaptabilidade, a comunicação, a colaboração, o pensamento crítico e a resolução de problemas (Pirzada, 2023). Esta afirmação indica que as TAs permitem o desenvolvimento e a demonstração das competências necessárias no domínio da educação por parte dos professores com deficiência visual (VILs) para navegar eficazmente nos materiais educativos e interagir com os alunos (Pramesworo et al., 2023; Murugan, 2023). Esta afirmação denota que a integração de TAs permite aos VILs explorar actividades pedagógicas e promover um ambiente de aprendizagem inclusivo e acessível tanto para professores como para alunos.

A adaptabilidade na educação é o elemento chave para os educadores implementarem o currículo pretendido. Assim, as TAs são fundamentais para as EIVs a nível universitário, para facilitar a navegação nos conteúdos educativos e atenuar as barreiras que as EIVs possam apresentar (Dabi & Golga, 2024; Emara, 2024). As pessoas com necessidades especiais, em particular as pessoas com deficiência visual, dependem muito dos dispositivos de tecnologia de apoio, como o Perkins Braille para palavras significativas sob a forma de pontos em relevo, e outras máquinas que funcionam para facilitar a produção de escrita para as AIV e o VIS, como o embosser para palavras em relevo. Além disso, com a disponibilidade de TAs, há uma maior independência para as EIVs trabalharem de forma autónoma (Manirajee et al., 2024); expor as EIVs a uma comunicação avançada através de diferentes ferramentas tecnológicas (Bacalla et al., 2024); facilitar a aquisição de Desenvolvimento Profissional (Alananbeh, 2023); e abrir caminho para ambientes inclusivos tanto para as EIVs como para os alunos com deficiência visual (VIS) para uma implementação curricular eficaz (Ngundo & Muriithi, 2023). Isto obriga a que as TA sejam a pedra angular académica para a realização das tarefas das AIVs e dos VIS, uma vez que todos os planos a ter em consideração devem ser integrados com a tecnologia adequada.

Nesta era do século XXI, as TAs provaram ser eficazes para as EIVs no processo de ensino e aprendizagem, levando à implementação efectiva do currículo universitário (Muhsin, et al., 2024). A disponibilidade e a aplicação de TAs para as AIVs indicam a presença de um currículo concebido para as arestas; ou seja, a conceção de um currículo universal para diversos implementadores, incluindo as AIVs e os Alunos com Deficiência Visual (VIS) (Shaheen et al., 2024). Isto indica o facto de que facilitar a integração das TAs no ensino e para os AIVs e VIS, respetivamente, permite a implementação holística de um currículo universitário inclusivo para atender às necessidades de cada aluno.

Atualmente, mesmo com a presença de políticas nacionais e convenções internacionais sobre a conceção inclusiva, incluindo o currículo educativo (Philip, 2024), algumas universidades continuam relutantes em implementar políticas e convenções inclusivas (Rushahu, 2023). Isto mostra que a aplicação de TAs, a inscrição de VIS e o emprego de VILs dependem da adesão à política da universidade em causa. No entanto, os estudos mostram que algumas universidades na Tanzânia que praticam a inclusão curricular, tais como a antiga Universidade Memorial Sebastian Kolowa (SEKOMU), a Universidade de Dar ES Salaam (UDSM) e a Universidade de Dodoma (UDOM), empregam VILs e as TAs são totalmente utilizadas (Kabogolo & Mubofu, 2023). Consequentemente, algumas universidades que não observam a inclusão curricular têm um número reduzido de VILs empregados e de VIS inscritos (Sikoyo et al., 2023). Este facto está associado à realidade de que, quando as TA são totalmente utilizadas na implementação do currículo universitário, também o VIS é atraído para essas universidades, confiando na prestação de serviços. Além disso, as políticas que orientam a disponibilidade e as aplicações das TA são cruciais para que as universidades se tornem praticantes plenas de um currículo inclusivo.

Com o apoio das TAs, o currículo universitário pode ser implementado pelas AIVs. A incorporação de TAs indica uma implementação inclusiva do currículo a nível universitário. Por conseguinte, este estudo propõe-se explorar os possíveis desafios existentes associados à aplicação de TAs para os EVAs nos processos de ensino e aprendizagem nas respectivas universidades, bem como a eficácia e a disponibilidade atual destas TAs para os EVAs nas universidades da Tanzânia. Por último, o estudo procura chegar a uma conclusão significativa e informada, a debates e a sugestões sobre a forma de conceber holisticamente as arestas e implementar o currículo universitário de forma inclusiva, tendo em conta as AIV com a utilização de TA.

2. Declaração do problema

As pessoas com deficiência visual necessitam de tecnologias de apoio para poderem desempenhar as suas funções educativas e destacarem-se nos seus percursos educativos. A usabilidade das tecnologias de apoio (TAs) é um fator crítico que pode influenciar a implementação bem sucedida de práticas de educação inclusiva a nível universitário. Os professores com deficiência visual (VILs) na Tanzânia enfrentam vários desafios no acesso às TAs para uma facilitação efectiva da educação inclusiva. Vários estudos têm-se centrado na disponibilidade de TAs para estudantes do ensino secundário (Malessa, 2023). No entanto, este autor lidou com alunos adultos sem deficiência visual, deixando uma lacuna no estudo da integração de TAs para VILs e VIS. Além disso, o estudo preocupou-se muito com a forma como a tecnologia pode ser utilizada como um dispositivo de aprendizagem, deixando uma lacuna na utilização das TA como único meio para as AIVs explorarem conteúdos educativos e interagirem com os alunos. Isto significa que foi dada muita ênfase às TA como auxiliares de ensino em vez de serem dispositivos de assistência para o ensino e a aprendizagem.

Por conseguinte, é necessário realizar estudos específicos sobre pessoas com deficiência visual que utilizam TA na implementação diária do seu currículo a nível universitário.

Além disso, muitos académicos sobre TAs utilizaram necessidades especiais generalizadas (Munala & Mwendo, 2023). Este estudo utilizou alunos do ensino primário para investigar como a educação inclusiva é implementada e também utilizou alunos com várias deficiências. O estudo carece de especificidade relativamente à deficiência visual, tratando de escolas primárias; por conseguinte, não permitiu uma compreensão aprofundada do tema. Há uma falta de estratégias abrangentes adaptadas às necessidades e contextos específicos dos educadores com deficiência visual na Tanzânia. Para além disso, existem poucos estudos sobre a forma como as TA podem ser integradas no ensino das AIVD (Watermeyer et al., 2023). Este estudo foi realizado com professores do ensino secundário para estudar as atitudes em relação às TAs para os alunos do ensino secundário, deixando por estudar a disponibilidade e a aplicação de VILs e VIS a nível universitário. Por conseguinte, é imperativo realizar o presente estudo para obter uma compreensão abrangente das TAs para as AIVs.

Consequentemente, este estudo investiga a implementação de um currículo inclusivo com recurso a TAs, procura resolver constrangimentos e propõe estratégias para a contratação de mais

TAs. O objetivo é integrar as TAs para as AIVs e o VIS na implementação do currículo, a fim de reforçar a Educação para o Desenvolvimento Sustentável (EDS). Ao alinhar o currículo com os 17 Objectivos de Desenvolvimento Sustentável (ODS) das Nações Unidas, em particular o ODS 4, espera-se que o currículo reforce as competências de promoção do pensamento crítico, da tomada de decisões em colaboração, da cidadania global, da gestão ambiental, da justiça social, da ética e da sustentabilidade entre os alunos.

3. Questões de investigação

1. Qual é o estado de disponibilidade das tecnologias de apoio para os professores com deficiência visual (VIL) no processo de implementação do currículo nas universidades?

2. Quais são os constrangimentos relacionados com a utilização de tecnologias de apoio por docentes com deficiência visual no processo de implementação do currículo nas universidades?

3. Que estratégias podem ser utilizadas para adquirir tecnologias de apoio para professores e alunos com deficiência visual?

4. Hipótese

Ha: Existe uma relação significativa entre a aplicação de tecnologias de apoio e a implementação efectiva de um currículo inclusivo a nível universitário.

5. Revisão das teorias relacionadas

Um quadro teórico é um conjunto estruturado de conceitos e ideias que ajuda na investigação, na explicação de fenómenos, na análise de dados e na elaboração de conclusões (Smith & Osman, 2023). Neste estudo, três teorias do Modelo Social da Deficiência, o Modelo de Aceitação da Tecnologia (TAM) e o modelo do Desenho Universal para a Aprendizagem (DUA) são utilizadas para orientar e limitar o estudo.

O Modelo Social de Deficiência (MDS). O Modelo Social da Deficiência é uma perspetiva que vê a deficiência como resultado de barreiras sociais, ambientais e atitudinais e não como uma limitação individual inerente (Sedova, 2024), que foi introduzida em 1983 pela Union of the Physically Impaired Against Segregation (UPIAS) no Reino Unido; e os seus principais defensores incluem activistas e académicos com deficiência, como Mike Oliver, Colin Barnes e Vic Finkelstein (Citron & Fuller, 2024). Os pontos fortes do SMD residem no facto de se centrar nas estruturas sociais e na necessidade de mudança social para eliminar as barreiras para as pessoas com deficiência (Faizefu & Neba, 2024). No entanto, o SMD tem sido criticado por simplificar demasiado a natureza complexa da deficiência e por negligenciar as intervenções médicas para as pessoas com deficiência (Azam, 2024). A SMD aplica-se a este estudo para fornecer um quadro crítico para a compreensão da deficiência como uma construção social e orientar os esforços para criar ambientes mais inclusivos e acessíveis para todos os indivíduos; especificamente um Desenho Universal para a Aprendizagem (DUA) que pode ser refletido no currículo universitário.

Desenho Universal para a Aprendizagem (UDL). O Desenho Universal para a Aprendizagem é um quadro educativo que tem por objetivo proporcionar a todos os alunos oportunidades iguais de aprendizagem, oferecendo múltiplos meios de representação, expressão e envolvimento (Bray et al., 2024). O UDL foi introduzido na década de 1990 por David Rose e Anne Meyer nos Estados Unidos para abordar a variabilidade dos alunos e promover práticas educativas inclusivas (Zhang et al., 2024). Os pontos fortes do UDL são a ênfase na flexibilidade e personalização dos métodos de ensino, materiais e avaliações para promover a acessibilidade e a inclusão na educação, acomodando uma vasta gama de estilos de aprendizagem, preferências e capacidades (Sala- Bars et al., 2024; Fullmer & Strand, 2024). No entanto, o UDL é criticado pela simplificação excessiva de tarefas de aprendizagem complexas e pela minimização do papel do professor (Sánchez-Cabrero et al., 2024). O UDL é pertinente para este estudo, uma vez que oferece um quadro valioso para a conceção de currículos, instrução e avaliações que atendam a diversos alunos e promovam um acesso equitativo à educação para todos os alunos.

O Modelo de Aceitação de Tecnologia (TAM). O Modelo de Aceitação da Tecnologia é um quadro teórico que explica como os utilizadores aceitam e utilizam a tecnologia com base nas suas percepções da sua utilidade e facilidade de utilização. O TAM foi introduzido em 1986 nos Estados Unidos por Fred Davis (Cano et al., 2024). Os pontos fortes do TAM baseiam-se na simplicidade e no poder explicativo na previsão da aceitação da tecnologia pelo utilizador (Anggraeni, 2024). No entanto, o TAM é criticado devido ao seu foco nas crenças e atitudes individuais, negligenciando os factores contextuais e sociais que podem ter impacto na aceitação da tecnologia em ambientes do mundo real (Mukred et al., 2024). O TAM é adequado a este estudo por procurar investigar o comportamento do utilizador, conceber tecnologias de fácil utilização e desenvolver estratégias para promover a aceitação e a utilização da tecnologia.

6. Revisão de estudos empíricos

O estudo analisa a literatura existente sobre a disponibilidade de tecnologias de apoio para professores e estudantes com deficiência visual, identificando os constrangimentos e as medidas para os resolver. Além disso, a secção sintetiza as principais conclusões, identifica lacunas no conhecimento e estabelece as bases para investigação futura, identificando lacunas no conhecimento atual e abordando questões de usabilidade.

6.1 Disponibilidade de TAs para VILs e VIS

Melhorar a disponibilidade de tecnologias de apoio para pessoas com deficiência visual, incluindo professores e estudantes, está a tornar-se uma agenda global. O governo da Finlândia implementou estratégias através de organizações especializadas como a Federação Finlandesa de Deficientes Visuais (FFVI) e programas de apoio financeiro (Malessa, 2023). Para além disso, os Estados Unidos da América têm leis como a Lei dos Americanos com Deficiência (ADA) que obrigam à igualdade de acesso à educação para indivíduos com deficiência, incluindo professores e alunos com deficiência visual, e as instituições de ensino têm frequentemente serviços dedicados de apoio à deficiência (Hoogerwerf et al., 2021). Isto mostra que a acessibilidade das TA a nível individual e institucional é uma vantagem fundamental para melhorar os processos de ensino e aprendizagem, ao mesmo tempo que se implementa o currículo pretendido num determinado nível de ensino.

Para além disso, a África do Sul tem organizações como a Blind SA que defendem a acessibilidade e os recursos, enquanto o governo incorporou disposições de tecnologia de apoio nas políticas educativas (Manase, 2023). Este facto denota a importância de legalizar o processo de contratação de TAs para que os alunos e educadores possam implementar um currículo inclusivo. Por outro lado, Marrocos teve iniciativas que promoveram a educação inclusiva e melhoraram o acesso a dispositivos de assistência, no entanto, são necessários mais recursos e programas de formação (Tahiri, 2023). A declaração alerta para a necessidade de esforços conjuntos para lidar com a disponibilidade de TAs em termos de financiamento, infra-estruturas e desenvolvimento profissional para maximizar a disponibilidade e a utilização efectiva das TAs.

Nos países da África Oriental, especialmente no Quénia, o governo integrou disposições relativas a dispositivos de assistência nas suas políticas educativas, mas as infra-estruturas, o financiamento e a sensibilização continuam a ser limitados (Ngundo & Muriithi, 2023). A Liga dos Cegos da Tanzânia defende a melhoria da acessibilidade e dos serviços de apoio às pessoas com deficiência visual na Tanzânia. O governo tanzaniano também tomou mais iniciativas para financiar programas relacionados com tecnologia de assistência para pessoas com deficiência visual em parceria com outros países doadores (Rushahu, 2023). Isto informa que os países da África Oriental se caracterizam por um baixo orçamento atribuído à educação, incluindo o financiamento de TAs para indivíduos com deficiência visual, exigindo assim esforços recíprocos para defender que o governo reforce e implemente efetivamente uma educação inclusiva.

6.2 Constrangimentos relacionados com a aplicação de tecnologias de assistência (TA) para VIL e VIS

Nas universidades americanas, as TAs para AVAs estão disponíveis com várias limitações, tais como uma menor familiaridade com a aplicação real, a maioria dos utilizadores procura vantagens em detrimento das desvantagens da aplicação das TAs e os criadores de TAs carecem de experiência de pilotagem, e também o desenvolvimento profissional e/ou a criação de capacidades para estas aplicações de TAs não está planeado e conduzido (Senjam et al., 2021). Isto indica a importância de conceber arestas para tornar as TA compatíveis e fáceis de utilizar por todos os utilizadores. Adicionalmente, para criar a sustentabilidade do programa, Opoku et al. (2023) sugeriram a realização de formação para professores e tutores em pré-serviço nos Emirados Árabes Unidos (EAU) sobre como utilizar as TA para o VIS e VIL para construir uma cultura de aceitação tecnológica e integrar essas TA no trabalho diário. O conceito subjacente a estes estudos é o de que a existência de conhecimentos prévios pode facilitar a aplicação de TAs em aplicações da vida real nas respectivas instituições, de modo a implementar um currículo inclusivo.

Além disso, observou-se que os pais e as famílias de crianças com deficiência visual tinham atitudes negativas em relação à aplicação de TAs às crianças, o que poderia ter efeitos numa fase posterior da vida, uma vez que essas crianças poderiam tornar-se professores nas respectivas instituições de ensino superior (Fteiha et al., 2024). Este facto aconselha os educadores a criarem uma cultura educativa que aceite qualquer tecnologia recentemente inventada para aumentar a auto-eficácia e o valor da educação, inclusive para aplicação imediata e a longo prazo na vida real. A este respeito, Alanazi (2023) sublinhou a importância de realizar uma formação especial, tanto para os professores como para o VIS, sobre a forma de utilizar as TA na prática, a fim de proporcionar uma vida académica e geral significativa ao VIS.

Na África do Sul, observou-se que havia uma falta de desenvolvimento profissional sobre como utilizar as TAs para os professores e o VIS (Watermeyer et al., 2023). Como resultado, a Universidade de Pretória realizou um workshop multidisciplinar para discutir a criação de conteúdos inclusivos para o VIS e as possíveis tecnologias de apoio apropriadas a serem aplicadas para sensibilizar a importância da adoção da tecnologia pelos alunos e professores com e sem deficiência visual (Manis et al., 2024). O estudo realizado por Al-Sulaimani (2023) numa das universidades do Egito identificou o problema associado à aplicação de TAs encontrado pelo VIS, e foi ainda sugerida a utilização do Desenho Universal para a Aprendizagem (DUA) para que muitos VIS possam beneficiar de uma abordagem holística da aprendizagem. Nas universidades marroquinas, a falta de TAs afectou o desempenho académico do VIS, e foi sugerido aos decisores políticos marroquinos que considerassem a possibilidade de disponibilizar TAs ao VIS das universidades marroquinas (Tahiri, 2023). Isto indica que existem alguns desafios técnicos relacionados com a improvisação de TAs que têm de ser resolvidos pelos projectistas de dispositivos tecnológicos educativos.

Nos Camarões, a falta de TAs para o VIS devido a restrições financeiras levou ao insucesso em massa nas disciplinas de biologia do VIS nas respectivas escolas secundárias (Tchombe et al., 2023).

Também na Namíbia, o estudo de Mungunda (2023) mostrou que o insucesso maciço do VIS em matemática resultou da falta de TAs para o VIS que pudessem ajudar na exploração de conteúdos académicos. Na Etiópia, na Universidade de Hawassa, a falta de conhecimentos do VIS para utilizar TA como as máquinas Braille Perkins e a tecnologia assistida por computador (CAT) instalada no computador afectou os estudantes academicamente (Mulu & Geta, 2023). Isto revela que a aplicação de dispositivos de tecnologia de assistência é necessária para a melhoria académica dos estudantes com deficiência visual.

Além disso, o estudo realizado por Emara (2024) no Quénia denota a limitação do VIS em frequentar cursos universitários de jornalismo devido ao acesso limitado às TAs, e o mesmo problema foi encontrado pelos VILs nas universidades quenianas para lecionar cursos de jornalismo devido à falta de TAs nas universidades específicas. Isto leva a pressupor que a disponibilidade e a aplicação limitadas das TA pelo VIS também limitam as escolhas de cursos a nível universitário e, subsequentemente, limitam as escolhas desejadas dos programas de estudo.

Na Tanzânia, o estudo de Kisanga e Kisanga (2022) revelou que, embora as TAs para VIS e VILs estivessem disponíveis nas respectivas instituições superiores, a falta de desenvolvimento profissional dos utilizadores levou a que os indivíduos com visão continuassem a depender dos respectivos VIS e VILs. Este facto revela o papel da formação profissional para resolver o problema. Mais uma vez, na Universidade de Dar Es Salaam, em particular, o estudo de Rushahu (2023) observou que, apesar de a Universidade ter empregados VILs, Departamentos de Educação Especial e haver um número razoável de VIS inscritos, faltava-lhe o desenvolvimento profissional atempado, o que trazia dificuldades tanto para os VILs como para os VIS na aplicação das TAs no processo de implementação do currículo universitário. Isto significa o poder do desenvolvimento profissional para revolucionar a aplicação das TA, conduzindo à independência académica absoluta do VIS e dos VIL para implementar um currículo inclusivo nas respectivas universidades.

Doravante, é necessário que os departamentos e as faculdades responsáveis da universidade realizem a respectiva formação de desenvolvimento profissional para intensificar a aplicação das TA aos VIL e ao VIS no cumprimento do currículo.

6.3. Medidas de resolução de constrangimentos relacionados com a usabilidade das tecnologias de apoio (TAs) para as AIVs

Devido à experiência limitada dos VILs e do VIS na aplicação educativa das TAs e, para criar a sustentabilidade do programa, foi sugerida a realização de formação para professores e tutores em pré-serviço em todos os Emirados Árabes Unidos (EAU) sobre como utilizar as TAs para o VIS e os VILs, a fim de criar uma cultura de aceitação tecnológica e integrar essas TAs no trabalho quotidiano (Opoku et al., 2023). Mais uma vez, devido à atitude negativa demonstrada pelos pais e por alguns professores do VIS em relação à aplicação das TA, foi sugerida a realização de uma formação especial para enriquecer a aplicabilidade das TA, tanto para os professores como para o VIS, com vista a uma implementação eficaz do currículo a nível universitário, que poderia mais tarde ser integrado na experiência da vida real (Alanazi, 2023). Isto indica que o desenvolvimento profissional desempenha um papel vital na interiorização da confiança na aplicação das TA como auto-eficácia e um traço interiorizado que se revela na valorização das TA disponíveis.

Na África do Sul, especialmente na Universidade de Pretória, e nas universidades egípcias e marroquinas, foi revelada a falta de desenvolvimento profissional, tanto para os AIV como para os VIS, na utilização das TA (Watermeyer et al., 2023; Al-Sulaimani, 2023; Manis et al, 2024); e para mitigar este problema, foi proposta a realização constante de formação profissional sobre como utilizar as TAs para implementar o currículo universitário e aconselhar os decisores políticos a utilizar a abordagem do Desenho Universal para a Aprendizagem (DUA) para a metodologia holística da aplicação das TAs tanto para os AIVs como para o VIS a nível universitário (Tahiri, 2023).

No Gana, o estudo realizado por Mantey et al. (2023) revelou que as universidades não dispunham de quadros políticos suficientes para incluir os estudantes com deficiência visual (VIS) na aprendizagem em linha; e a acessibilidade e a usabilidade da tecnologia digital continuam a ser desafios. Faltam também unidades especializadas de apoio ao VIS. Isto é para notificar que as universidades precisam de políticas adaptativas, capacitação do corpo docente e parcerias estratégicas com a sociedade civil e o sector privado para garantir que as TAs para VILs e VIS sejam intensamente adoptadas no processo de implementação do currículo universitário.

Nas universidades do Uganda, os estudantes com deficiências visuais enfrentam desafios na interação, apoio inadequado à aprendizagem e informação inacessível, não tendo motivação para utilizar as TA para actividades académicas gerais. A promoção de uma educação inclusiva bem sucedida deve centrar-se na utilização prática das TAs, ajustando os ambientes físicos, sociais e de aprendizagem, bem como melhorando os serviços de aconselhamento para tratar de questões sociais e psicológicas (Kija & Mgumba, 2024). Esta afirmação está ligada ao Modelo de Deficiência Social, que vê a deficiência como uma construção social e, assim que esta barreira for removida através da mitigação de atitudes negativas e da criação de uma sociedade acessível, todos os indivíduos com necessidades especiais, especialmente os deficientes visuais, serão livres de realizar as tarefas que lhes são exigidas, incluindo um currículo inclusivo.

O estudo de Munala e Mwendo (2023) revelou a fragilidade da adoção de TAs entre as instituições de ensino, desde as escolas primárias até ao VIS universitário, e sugere que as escolas primárias públicas do condado de Nairobi devem adaptar os exames educativos aos alunos com deficiência, incorporando adaptações como tecnologias de assistência, tempo adicional, impressão ampliada, linguagem gestual, emprego de escriba, processos de exame alternativos e calendário. Esta declaração convida os educadores a pensarem em avaliações alternativas que possam ser alinhadas com as TAs disponíveis para terem métodos de implementação de currículos diversificados.

O estudo realizado por Oketoobo et al. (2023) na Tanzânia mostrou que os professores desempenham um papel crucial na avaliação e implementação de estratégias educativas para alunos com deficiência visual e, infelizmente, estes professores não dispõem de TAs para facilitar o VIS, pelo que se recomenda ao governo que aumente o financiamento e enriqueça o conteúdo do currículo para uma implementação holística. A afirmação procura consolar a liderança fundamental dos professores na implementação de um currículo inclusivo. Consequentemente, antes da aplicação das TAs, os professores devem ter prioridade no desenvolvimento de capacidades para poderem ajudar os alunos na aplicação dos respectivos dispositivos de assistência.

7. Metodologia de investigação

Esta secção tem por objetivo apresentar a metodologia do estudo, com destaque para a filosofia da investigação, a conceção da investigação, a população-alvo, as técnicas de amostragem e a dimensão da amostra, os instrumentos de investigação, a validade dos instrumentos, a fiabilidade dos instrumentos, o procedimento de recolha de dados, a análise dos dados e as considerações éticas.

Este estudo utilizou a conceção convergente no âmbito de uma abordagem de investigação mista que se baseia numa filosofia de investigação pragmática para recolher dados quantitativos e qualitativos numa das universidades incluídas na amostra na região de Morogoro. Esta filosofia fornece um conjunto de crenças, pressupostos e princípios que orientam a realização da investigação (Kasirye, 2024). A filosofia de investigação pragmática dá ênfase à aplicação prática dos resultados da investigação e a uma abordagem flexível de resolução de problemas que dá prioridade à relevância e à eficácia no mundo real (Tamminen & Poucher, 2020; Kelly & Cordeiro, 2020) para oferecer um quadro para a realização de investigação que responda ao mundo prático contemporâneo (Gillespie et al., 2024). A conceção da investigação reforça a estratégia para responder à questão de investigação utilizando dados empíricos.

A população deste estudo foi constituída por todos os VIL das universidades da Tanzânia e a dimensão da amostra foi determinada através de técnicas de bola de neve. Consequentemente, uma população-alvo inclui todas as pessoas que participam num estudo, enquanto a amostra é uma parte da população (Tamminen & Poucher, 2020). O processo de amostragem é uma forma prática que permite recolher dados rapidamente e a um custo mais baixo do que tentar chegar a todos os membros da população (Solem, 2023). A amostragem deste estudo foi efectuada a partir da área de estudo, utilizando a técnica de bola de neve. A descrição dos instrumentos de recolha de dados incluiu a consulta do reitor dos estudantes das respectivas universidades para obter autorização para realizar o estudo. Os questionários e o guião de entrevista foram utilizados para recolher dados qualitativos e quantitativos dos VIL e do VIS.

Foram consideradas a validade e a fiabilidade dos instrumentos de recolha de dados. Foi realizado um *estudo-piloto* antes da recolha de dados propriamente dita para testar a validade e a fiabilidade dos instrumentos de investigação, uma vez que é considerado prático e ótimo (Gümüs & Kukul, 2023). Foi utilizada a abordagem teste-reteste para medir a fiabilidade dos instrumentos de recolha de dados quantitativos; e para os instrumentos de recolha de dados qualitativos preparados para este estudo, a recolha e análise de dados piloto ajudaram a garantir a fiabilidade dos instrumentos. A descrição dos procedimentos de análise de dados incluiu a análise quantitativa através da utilização de ferramentas estatísticas como o Statistical Package for Social Sciences (SPSS) para examinar as relações entre as TA e as práticas de implementação do currículo inclusivo, enquanto a estatística descritiva foi utilizada para resumir e analisar os dados quantitativos. A análise qualitativa, por outro lado, utilizou a análise temática para os dados qualitativos obtidos a partir dos guias de entrevista e dos questionários para identificar padrões e temas relacionados com a adoção de TAs pelas AIVs nos processos de implementação do currículo inclusivo. As considerações éticas neste estudo incluíram a obtenção do consentimento informado das AIVs antes da recolha de dados e a garantia da confidencialidade e do anonimato na comunicação e armazenamento de dados; a adesão às diretrizes éticas e a obtenção da aprovação do conselho de revisão ética da Jordan University College (JUCo).

8. Conclusões e discussões

O estudo tinha três questões que procuravam explorar a disponibilidade e a usabilidade das tecnologias de apoio (TAs) para os professores com deficiência visual (VILs) na implementação do currículo universitário, identificar os constrangimentos relacionados com a sua usabilidade e sugerir estratégias para a aquisição de TAs para VILs e VIS, respetivamente. Para orientar e limitar o estudo, foram utilizadas três teorias: o Modo Social da Deficiência, o Modo de Aceitação da Tecnologia (TAM) e o Desenho Universal para a Aprendizagem (UDL). Esta investigação contou com sessenta e sete (67) inquiridos, utilizando guias de entrevista e questionários como instrumentos de recolha de dados; e bola de neve e amostragem intencional como técnicas de amostragem. A investigação obteve informações de 1 vice-reitor (VC) da Universidade "A", 1 chefe de departamento (HoD) de psicologia da Universidade "A", 1 VIL da Universidade "A", 1 VIS e 63 estudantes não pertencentes ao VIS da Universidade "A", para investigar o estado atual da disponibilidade e da usabilidade, os constrangimentos das TA na usabilidade e sugerir as melhores estratégias para a aquisição e manutenção de TA para VIL e VIS. O guião de entrevista foi utilizado para obter informações junto do Comité de Veteranos, do Diretor de Psicologia, dos EIV e do VIS. Os questionários foram utilizados para obter informações dos alunos sem deficiência visual. A informação foi apresentada sob a forma de uma tabela, identificada como - TAs: Disponibilidade; TAs: Restrições e; TAs: Estratégias de acordo com as questões de investigação, respetivamente. A Tabela 1 apresenta as respostas dos estudantes sem deficiência visual sobre a disponibilidade de TAs nas universidades da amostra.

Tabela 1: Respostas dos alunos à disponibilidade das TAs (n=63)

S/N	STATEMENTS	Responses (%)						
		SD	D	U	A	SA	MEAN	SDV
1	Availability of Laptop at the university for Visually Impaired Students (VIS) and Visually Impaired Lecturers (VILs)	19.0	19.0	3.2	38.1	20.6	3.22	1.464
2	Applicability of Recording devices at the university for VILs and VIS	12.7	15.9	12.7	42.9	15.9	3.33	1.283
3	Availability and application of Perkins Braille Machine for VILs and VIS	14.3	14.3	22.2	36.5	12.7	3.19	1.255
4	Availability and application of A4 Frames and slates	9.5	14.3	22.2	36.5	17.5	3.38	1.211
5	Availability of Brailled Curriculum Materials for VIS	7.9	19	31.7	23.8	17.5	3.24	1.187
6	The university should have a special education unit	1.6	1.6	7.9	25.4	63.5	4.48	0.840
7	Assistive Technologies support Visually Impaired Students in learning	0	0	7.9	31.7	60.3	4.52	0.644
8	Assistive Technologies help Visually Impaired Lecturers to teach well	0	0	7.9	27	65.1	4.57	0.640
9	The university should purchase Assistive Technologies for VILs and VIS	0	1.6	7.9	30.2	60.3	4.49	0.716
10	Do you cooperate with Visually Impaired Lecturers in the use of Assistive Technologies?	1.6	3.2	9.5	41.3	44.4	4.24	0.875

Legenda: 1. SD - Discordo totalmente 2. D - Discordo 3. U - Indeciso 4. A - Concordo 5. SA - Concordo totalmente

Fonte: Dados de campo (2024)

Os dados da Tabela 1 indicam que a maioria (82,1%) dos inquiridos concordou e concordou fortemente que as tecnologias de apoio ajudam os professores com deficiência visual a ensinar bem, com uma pontuação média de 4,57, o que denota que as tecnologias de apoio contribuíram para os professores no processo de implementação do currículo de forma inclusiva. Esta conclusão está em consonância com Malessa (2023), que afirma que são necessários esforços conjuntos para garantir que as TA estejam disponíveis para os indivíduos com deficiência visual, incluindo as AIV e o VIS, a fim de aumentar o acesso a vários assuntos da vida, como os serviços de educação. Esta afirmação foi também apoiada pela informação dada pelo CV A de que as TA contribuem significativamente para a implementação do currículo quando adoptadas pelos VIL e pelo VIS, e que o Departamento de Psicologia foi designado para lidar com os respectivos dispositivos:

> *"Estamos a planear desenvolver uma Unidade de Educação Especial com uma sala de recursos bem equipada para lidar com uma variedade de necessidades de educação especial, incluindo estudantes e professores com deficiência visual. Designei o Departamento de Psicologia para lidar com as TAs e todas as questões relacionadas com elas. O departamento trata da disponibilidade, manutenção e desenvolvimento profissional sobre a aplicação de TAs" (VC A, Comunicação pessoal, 30th abril, 2024).*

Esta constatação é contrária à teoria do Desenho Universal para a Aprendizagem (DUA), que enfatiza a flexibilidade e a personalização dos métodos de ensino, materiais e avaliações para promover a acessibilidade e a inclusão na educação, acomodando uma vasta gama de estilos de aprendizagem, preferências e capacidades (Sala- Bars et al., 2024; Fullmer & Strand, 2024). Este resultado denota que é necessário aumentar a aplicabilidade das

TAs para as AIVs e o VIS para uma implementação eficaz do currículo inclusivo nas universidades tanzanianas.

Mais uma vez, as estatísticas do Quadro 1 mostram uma maioria extrema (88,9%) de inquiridos que propuseram que a respectiva universidade assumisse a obrigação de desenvolver uma unidade de ensino especial, consultar doadores e comprar dispositivos de tecnologia de apoio para as AIV e o VIS, em prol da implementação de um currículo inclusivo a nível universitário. Este resultado está relacionado com o estudo de Manis et al. (2024) e Tahiri (2023), que indicam que as universidades têm a responsabilidade de garantir a disponibilidade de TAs a nível universitário. Esta afirmação foi reforçada pela informação dada pelo Diretor de Psicologia da Universidade 'A', que revelou os esforços feitos pela universidade para contratar TAs, especificamente Orbiter Reader, Gravador de Voz, e computadores especializados para VILs e VIS da respectiva universidade: *"Existem gravadores de voz e Orbiter 45 para o VIL e o VIS, que foram obtidos pelos membros individuais do departamento junto de diferentes doadores. O VIS utiliza computadores da universidade instalados com um software de voz especializado chamado jaws" (Comunicação pessoal do Diretor do Departamento de Psicologia, 30th abril, 2024).* Este resultado revela a sensibilização das universidades para a implementação de currículos inclusivos, mostrando a sua disponibilidade para se alinharem com a política nacional da Tanzânia e as convenções internacionais para a inclusão educativa. Esta conclusão é apoiada pelo quadro do Desenho Universal para a Aprendizagem (DUA), que propõe que todos os estudantes tenham oportunidades iguais de aprender, oferecendo múltiplos meios de representação, expressão e envolvimento (Bray et al., 2024) e promovendo práticas educativas inclusivas (Zhang et al., 2024). Os resultados indicam que a disponibilidade imediata de TAs a nível universitário abre caminho à implementação de um currículo inclusivo que favorece todos os alunos e permite que os AVAs disponham de múltiplos meios eficazes para ensinar e interagir com os seus alunos.

Para além disso, a colaboração entre EVAs e não-EVAs no processo de utilização de TAs é um elemento-chave no reforço da implementação de um currículo inclusivo. A mesma tabela mostra que a extrema maioria (85,7%) dos inquiridos revelou as estratégias de colaboração iniciadas entre as AIVs, o VIS, os professores e os estudantes. Esta constatação é coerente com o estudo de Hoogerwerf et al. (2021), que afirmou que a colaboração é a caraterística notável de uma comunidade inclusiva para abraçar as diversidades humanas, incluindo indivíduos com deficiência visual, como o VIL e o VIS. Esta afirmação de cultura inclusiva é justificada pela informação dada pelos VILs A que afirmaram colaborar com os seus colegas no processo de utilização de TAs no ensino:

"Na maioria dos casos, recebo apoio dos membros da minha

equipa, que colaboram comigo em todas as actividades relacionadas com as aplicações de TAs, uma vez que não tenho qualquer experiência, pois adquiri a deficiência visual mais tarde na vida e ainda não decidi utilizar TAs. Não estou preparado psicologicamente para utilizar TAs" (VIL A, comunicação pessoal, 30th abril, 2024).

Além disso, a afirmação relativa à colaboração foi sublinhada pelo VIS, que afirmou colaborar com os colegas no processo de utilização das TA na aprendizagem: *"Comprei algumas das TA, como os Quadros A4 e o Stylus. O departamento de psicologia comprou-me um gravador de voz; utilizo os computadores da universidade para os meus estudos diários e exames. Os meus colegas estudantes ajudam-me a navegar nos materiais de leitura da Internet" (VIS comunicação pessoal, 30th abril, 2024*). Esta constatação está em harmonia com o Modelo Social da Deficiência (MDS), que defende uma perspetiva que vê a deficiência como resultado de barreiras sociais, ambientais e atitudinais, e não como uma limitação individual inerente, e apela a um ajustamento da perspetiva social para permitir que os indivíduos com deficiência explorem o ambiente em segurança (Sedova, 2024). Sugere ainda que se centre a atenção nas estruturas sociais e na necessidade de uma mudança social para eliminar as barreiras para as pessoas com deficiência (Faizefu & Neba, (2024). A caraterística implícita desta constatação assenta na verdade de que, entre outras vantagens das TAs para melhorar as competências do século XXI, incluindo a colaboração, insistindo nos esforços conjuntos para uma sociedade acessível, assegurando a disponibilidade e aplicação de TAs para a existência prática de uma cultura de colaboração na utilização de TAs na respectiva universidade.

A Tabela 2 apresenta os dados gerados a partir de estudantes sem deficiência visual sobre os constrangimentos de usabilidade das TAs da Universidade A. A questão abordava os constrangimentos relacionados com a aplicação de tecnologias de apoio (TAs) para VILs e VIS. A tabela seguinte resume as respostas recolhidas.

Tabela 2: TAs - Resposta dos estudantes sobre os constrangimentos das TAs (n=63) 5. SA - Concordo totalmente

S/N	STATEMENTS	Responses						
		SD	D	U	A	SA	MEAN	SDV
1	Lecturers face challenges in teaching using assistive technology	6.3	17.5	25.4	39.7	11.1	3.32	1.090
2	Students face challenges in learning by using assistive technology	7.9	27	30.2	27	7.9	3.00	1.092
3	The department deals with ATs maintenance	3.2	6.3	17.5	46	27	3.87	0.992
4	Lack of professional development on how to use ATs	6.3	9.5	23.8	36.5	23.8	3.62	1.142
5	Lack of special education unit for VILs and VIS	7.9	11.1	12.7	38.1	30.2	3.71	1.237
6	Assistive Technologies are expensive	3.2	4.8	22.2	47.6	22.2	3.81	0.948
7	There are no brailed teaching and learning materials	6.3	17.5	19	39.7	17.5	3.44	1.161
8	There are no Perkins machines at the university	11.1	20.6	22.2	23.8	22.2	3.25	1.319
9	Lack of visual impairment experts	3.2	20.6	14.3	39.7	22.2	3.57	1.146
10	Lack of willingness to learn new technology	9.5	28.6	28.6	20.6	12.7	2.98	1.184

Legenda: 1. SD - Discordo totalmente 2. D - Discordo 3. U - Indeciso 4. A - Concordo 5. SA - Concordo totalmente
Fonte: Dados de campo (2024)

Os números do Quadro 2 indicam que quase metade (57,15%) dos inquiridos classificou como "A" a existência de um número limitado de TA para o VIL e o VIS, o que dificulta o processo de ensino e aprendizagem, respetivamente, na universidade. Isto implica a existência de um número limitado de dispositivos de TA para apoiar o VIS no seu ambiente de ensino e aprendizagem. Isto pode também implicar que os indivíduos com VIS estão a lutar para prosseguir efetivamente a sua educação nas instituições de ensino superior. Estas constatações indicam que os dispositivos de TA são dispendiosos para que cada VIS os alugue e os possua para obter sucesso académico. Esta constatação está relacionada com Mantey et al. (2023) e Tahiri (2023), que salientaram os desafios enfrentados pelos VIL e pelo VIS devido ao financiamento limitado e à sensibilização para as TA. Isto significa que existe um número inadequado de TAs na universidade, o que impede a implementação de um currículo inclusivo. Este facto entra em conflito com a teoria do UDL, que refere a disponibilidade imediata de materiais curriculares para se adaptarem e permitirem que os alunos de diversas origens e capacidades acedam à educação com o mínimo de restrições (Bray et al., 2024). Esta declaração está em consonância com a declaração do VIS A sobre a escassez de TAs a nível universitário: "*Há falta de materiais didácticos em relevo e muitos computadores universitários não estão instalados com software de som para maxilas e, por vezes, quando falta a eletricidade, os exames são perdidos, uma vez que muitos computadores são de secretária" (VIS A, Comunicação pessoal, 30 de abril de 2024).*

Isto leva a crer que a escassez de TAs na universidade não só afecta a aprendizagem, como também afecta os processos de avaliação e revela os efeitos secundários das Avaliações Assistidas por Computador (AAC) na falta de eletricidade. Esta constatação foi também confirmada pelo CV A, que afirmou que:

> *"Temos um número reduzido de VIL e VIS na nossa universidade. Também nos faltam algumas TAs potenciais para capacitar totalmente os nossos clientes e normalmente contactamos diferentes doadores para nos ajudarem com estes aparelhos. Continuamos a pedir aos simpatizantes que apoiem os aparelhos ATS para os nossos VILs e VIS na nossa universidade" (VC A, Comunicação pessoal, 30th abril, 2024).*

A informação da CV assinala a existência de desafios de disponibilidade de TAs e os esforços contínuos para mitigar a escassez. Os resultados da CV correspondem ao Modelo de Aceitação da Tecnologia (TAM), que explica como os utilizadores aceitam e utilizam a tecnologia com base nas suas percepções da sua utilidade, facilidade de utilização e disponibilidade (Cano et al., 2024). Este resultado revela a existência de desafios de disponibilidade relacionados com o financiamento e a sensibilização para as TA para as AIV e o VIS nas universidades da Tanzânia, o que chama a atenção de todas as universidades, das respectivas autoridades e de outras partes interessadas para que tomem medidas razoáveis para resolver a situação existente.

Além disso, a partir da Tabela 2, os dados mostram que quase metade (59%) dos inquiridos revelou a importância da disponibilização de desenvolvimento profissional e de conhecimentos especializados às AIV e ao VIS para a adoção efectiva de TA no ensino e na aprendizagem a nível universitário. Os estudos realizados por Alananbeh (2023), Alanazi (2023), Opoku et al. (2023), Senjam et al. (2021) e Watermeyer et al. (2023) sublinharam a importância de realizar formação para os AIV e para o VIS sobre a forma de utilizar eficazmente as TA no ensino e na aprendizagem, respetivamente, nas respectivas universidades. Correspondendo à importância da disponibilização de desenvolvimento profissional e de conhecimentos especializados, os VIL A defenderam que:

> *"Não frequentei qualquer curso de desenvolvimento profissional relacionado com a aplicação de TAs, por isso não tenho qualquer experiência com desafios relacionados com a utilização de TAs. No entanto, devido à minha experiência e à do meu aluno com deficiência visual, esta universidade é um local melhor para o VIS e para os VILs, uma vez que existem caminhos fáceis, aulas acessíveis e colaboração entre a comunidade universitária" VILs A, comunicação pessoal, 30th abril, 2024).*

A declaração dos VILs significa a importância do desenvolvimento profissional para permitir a exploração independente do currículo. Ligada a esta ideia, também a informação do Diretor de Psicologia mostrou a importância da formação de desenvolvimento profissional tanto para os VILs como para o VIS, tomando como exemplo principal a participação no workshop realizado pelas universidades conjuntas sobre como utilizar as TAs academicamente para os VILs e o VIS: *"Há diferentes esforços feitos para contratar TAs para os VILs e o VIS da universidade e participar no desenvolvimento profissional preparado pela colaboração das universidades zonais sobre como utilizar estes aparelhos disponíveis..." (Diretor de Psicologia, comunicação pessoal, 30th abril 2024).* O TAM é compatível e aplicável a este estudo, uma vez que procura investigar o comportamento do utilizador, conceber tecnologias fáceis de utilizar e desenvolver estratégias para promover a aceitação da tecnologia e a vontade de a utilizar (Mukred et al., 2024). Esta constatação implica que o desenvolvimento profissional relacionado com as aplicações das TA para as AIV e o VIS é importante, uma vez que são frequentemente inventados novos aparelhos com caraterísticas actualizadas que exigem formação.

As estatísticas da Tabela 3 indicam o que foi gerado pelos estudantes sem deficiência visual relativamente à melhor forma de contratar, utilizar e manter as TAs para as AIVs e o VIS a nível universitário. A questão abordava as estratégias práticas para a disponibilização de tecnologias de apoio (TAs) para as AIVs e o VIS. O quadro seguinte resume as respostas recolhidas.

Tabela 3: TAs - Resposta dos alunos sobre as estratégias de TAs (n=63)

S/N	STATEMENTS	Responses						
		SD	D	U	A	SA	MEAN	SDV
1	Lecturers buy assistive technology devices	9.5	17.5	19	41.3	12.7	3.30	1.186
2	Students seek donors for assistive technologies	3.2	9.5	17.5	54	15.9	3.70	0.961
3	The department deals with ATs maintenance	0	7.9	20.6	57.1	14.3	3.78	0.792
4	Professional development on how to use ATs	1.6	3.2	7.9	44.4	42.9	4.24	0.856
5	Special education unit for VILs and VIS	1.6	1.6	4.8	42.9	49.2	4.37	0.789
6	University buy Assistive Technologies devices	1.6	3.2	7.9	38.1	49.2	4.30	0.873
7	Brailed teaching and learning materials	1.6	0	7.9	47.6	42.9	4.30	0.754
8	Perkins machines at the university	0	6.3	4.8	41.3	47.6	4.30	0.835
9	University employs visual impairment experts	1.6	1.6	7.9	25.4	63.5	4.48	0.840
10	Families contribute to Assistive Technology devices	4.8	6.3	17.5	44.4	27	3.83	1.056

Legenda: 1. SD - Discordo totalmente 2. D - Discordo 3. U - Indeciso 4. A - Concordo 5. SA - Concordo totalmente

Fonte: Dados de campo (2024)

A partir do Quadro 3, os dados mostram que a maioria (80,2%) dos inquiridos propôs o desenvolvimento de um Departamento de Educação Especial (SED) para tratar da manutenção, da disponibilidade de materiais em relevo e da disponibilidade de TAs, tais como Perkins e máquinas de relevo para as AIV e o VIS. Espera-se que o SED conduza o desenvolvimento profissional sobre a utilização de TAs para VILs e VIS e sugira que a universidade empregue especialistas em deficiência visual. Espera-se também que esta SED organize organizações não governamentais (ONG), diferentes doadores e indivíduos para comprarem TAs para as EIVs e o VIS nas respectivas universidades. Esta conclusão foi corroborada pelo estudo de Malessa (2023), que sugeriu que as respectivas instituições de ensino, incluindo as universidades, procurassem TAs através de organizações especializadas, incorporassem programas de apoio financeiro e aconselhassem os governos dos respectivos países a incorporar disposições de tecnologia de assistência nas políticas educativas. Além disso, Ngundo e Muriithi (2023) defenderam o aumento da consciencialização sobre as necessidades da deficiência visual na educação e a criação de uma cultura inclusiva em que nenhum aluno seja deixado para trás. Esta conclusão também foi apoiada pela informação dada por um dos administradores da universidade (VC A) que descreveu uma declaração sobre como reduzir os efeitos da escassez de TAs: *"Estamos a planear desenvolver uma Unidade de Educação Especial com uma sala de recursos bem equipada para lidar com uma variedade de necessidades de educação especial, incluindo estudantes e professores com deficiência visual" (VC A, Comunicação Pessoal, 30th abril, 2024).*

Mais uma vez, esta conclusão foi também apoiada pelo Modelo Social da Deficiência (SDM), que se centra nas estruturas sociais e na necessidade de mudança social para eliminar as barreiras para os indivíduos com deficiência (Faizefu & Neba, (2024). Além disso, a teoria do Desenho Universal para a Aprendizagem (UDL) enfatiza a flexibilidade e a personalização dos métodos de ensino, materiais e avaliações para promover a acessibilidade e a inclusão na educação, acomodando uma vasta gama de estilos de aprendizagem, preferências e capacidades (Sala-Bars et al., 2024; e Fullmer & Strand, 2024). Por conseguinte, as teorias SDM e UDL aplicam-se a este estudo, uma vez que informam a sociedade e fornecem às partes interessadas da educação um quadro valioso para a conceção de currículos, instruções e avaliações que atendam a diversos alunos e promovam o acesso equitativo à educação para todos os alunos, incluindo VILs e VIS nas respectivas universidades.

Além disso, esta constatação sobre as estratégias para contratar e maximizar a aplicação das TAs apela a uma abordagem holística em matéria de educação, tal como indicado no objetivo 4 da educação para o desenvolvimento sustentável (ODS 4), no âmbito de três componentes do desenvolvimento sustentável, nomeadamente o ambiente, a sociedade e a economia (Singh, 2024). O Objetivo de Desenvolvimento Sustentável 4 (ODS 4) é um dos 17 Objectivos de Desenvolvimento Sustentável adoptados pelas Nações Unidas em 2015 como parte da Agenda 2030 para o Desenvolvimento Sustentável. Tem como objetivo assegurar uma educação de qualidade inclusiva e equitativa e promover oportunidades de aprendizagem ao longo da vida para todos (República Unida da Tanzânia, 2020). Além disso, a educação é considerada essencial para o desenvolvimento sustentável (Singh, 2024) e pode ajudar as pessoas a sair da pobreza, melhorar a sua saúde e bem-estar e participar plenamente na sociedade (Dupuy, 2021). A educação também pode ajudar a promover a paz e a compreensão entre diferentes culturas (Rufadha & Younis, 2023). O ODS 4 indica que a educação é um agente de uma vida digna, pelo que deve ser um direito de cada indivíduo e deve ser acessível a todos. Assim, as TAs para as AIVs e o VIS são os trampolins para um currículo inclusivo de educação que beneficia todas as pessoas com diferentes capacidades e origens.

Para estabelecer a relação entre a aplicação de TAs pelas AIVs e a implementação efectiva de um currículo universitário inclusivo, foi utilizada uma técnica estatística de regressão linear simples para testar a Hipótese Nula (H0), que afirmava que não existe uma relação significativa entre a aplicação de TAs e a implementação efectiva de um currículo universitário inclusivo a nível universitário na Tanzânia. O estabelecimento da regra de decisão foi efectuado a um nível de significância de 0,05 (bicaudal), guiado por pressupostos de distribuição normal dos dados, sem valores anómalos significativos. O resultado do teste é apresentado no Quadro 4.

Quadro 4: Teste de hipóteses ANOVA[a]

Modelo		Soma de quadrados	df	Quadrado médio	F	Sig.
	Regressão	.328	2	.164	2.019	.203[b]
1	Residual	.569	7	.081		
	Total	.897	9			

a. Variável dependente: TAs: Implementação efectiva de um currículo universitário inclusivo

b. Preditores: (Constante), Aplicação de TAs por VILs

A partir da Tabela 4, os dados mostram que o valor p do teste estatístico foi de 0,203 a um nível de significância de 0,05. Isto indica que o valor de P é superior ao nível de significância de 0,05; por conseguinte, a afirmação da hipótese foi aceite, uma vez que não existe uma relação significativa entre a aplicação de TA por parte das EIV e o nível de significância de 0,05. Isto denota que são necessários esforços críticos para aumentar a disponibilidade e as estratégias de aplicação das TAs pelas AIVs ao nível das universidades na Tanzânia. Os dados também podem indicar a consciência limitada e a existência de autonomia dos currículos universitários por parte das respectivas universidades, o que restringe a aplicação efectiva da designação da tecnologia pretendida. No entanto, a autonomia de conceção do currículo, por outro lado, pode ser uma grande oportunidade para planear e improvisar o maior número possível de TA, tanto para o VIL como para o VIS. A disponibilidade e aplicação de TAs a nível universitário está relacionada com a teoria UDL, que enfatiza a flexibilidade e a personalização dos métodos de ensino, materiais e avaliações para promover a acessibilidade e a inclusão na educação, acomodando uma vasta gama de estilos de aprendizagem, preferências e capacidades.

9.0 CONCLUSÕES E RECOMENDAÇÕES.

Esta secção apresenta as conclusões retiradas dos resultados do estudo, recomendações e sugestões para investigação futura.

9.1 Conclusões do estudo

No que diz respeito à disponibilidade de TAs para as AIVs e o VIS na implementação de um currículo inclusivo a nível universitário, a maioria dos inquiridos revelou que havia disponibilidade de alguns dos aparelhos tecnológicos, mas que eram insuficientes para os utilizadores e não se encontravam num conjunto completo (máquina de gravação, Perkins Braille, molduras A4, caneta e papéis Braille) e que não havia um desenvolvimento profissional adequado.

Os AIVs e o VIS enfrentaram vários desafios no processo de utilização das TAs para o ensino e aprendizagem, respetivamente. Os VILs não dispunham de um desenvolvimento profissional adequado das TAs, uma vez que um dos VILs não estava psicologicamente preparado para se submeter à referida formação, alegando que adquiriu a deficiência visual mais tarde na vida. Assim, verifica-se que os indivíduos que adquirem a deficiência visual mais tarde na vida têm mais dificuldade em adotar TAs do que aqueles que são congénitos ou que adquirem a deficiência visual nas fases iniciais da sua vida. O custo elevado e as infra-estruturas inadequadas foram também desafios notórios. Os aparelhos como o gravador, as máquinas Perkins Braille e o Orbit Reader são mais caros do que outros aparelhos como as lupas de ecrã e outros óculos de retificação da visão. Os computadores da universidade eram, na sua maioria, computadores de secretária que dependiam apenas da eletricidade e, uma vez que a energia se desligava, todas as actividades VIL e VIS através desses computadores de secretária desapareciam também.

No que diz respeito às medidas a adotar para assegurar a disponibilidade e a intensificação da aplicação das TA, os administradores da Universidade A apontaram várias estratégias e medidas de colaboração para atenuar os desafios existentes. A Universidade A comprometeu-se a lançar o Departamento de Educação Especial, que se ocuparia da contratação e adoção de TAs para as AIVs e o VIS, a fim de assegurar a implementação de um currículo inclusivo. Outras medidas foram a formulação de políticas para a aplicação de TAs nos VILs e VIS, a compra de TAs, a consulta de diferentes doadores locais e internacionais e o desenvolvimento profissional regular para a utilização de TAs.

9.2 Recomendações do estudo

As recomendações que se seguem são formuladas em reação às conclusões do estudo:

1. Uma vez que a educação é um direito humano fundamental, recomenda-se que cada universidade tenha uma política clara relativamente à disponibilidade de TAs para as AIVs e ao VIS na implementação de um currículo inclusivo a nível universitário.

2. Devido aos vários desafios existentes relacionados com a disponibilidade e aplicação de TAs, recomenda-se que todas as universidades tenham uma política clara de criação de um departamento de educação especial com os respectivos

especialistas para lidar com questões de ensino e aprendizagem para as AIVs e o VIS, respetivamente.

3. Uma vez que a educação inclusiva é uma caraterística da sociedade contemporânea, recomenda-se que os órgãos responsáveis pelos estabelecimentos universitários, como a Comissão das Universidades da Tanzânia (TCU) e o Ministério da Educação, Ciência e Tecnologia, acreditem a universidade com base nas caraterísticas de inclusão educativa de uma determinada universidade.

4. Uma vez que as TAs são dispendiosas, o estudo recomenda que o governo atribua subsídios aos VILs e aos VIS de graduação e pós-graduação para reduzir as dificuldades de acesso a equipamento tecnológico complexo.

10. REFERÊNCIAS

Alananbeh, N. (2023). Obstáculos à utilização de tecnologias de apoio para estudantes com deficiência visual na Jordânia. Dirasat: Ciências da Educação, 50(1), 92101.

Alanazi, M. (2023). Inovação para todos: Unleashing The Power Of Assistive Technologies in Special Education In Arabic Speaking Countries [Libertar o poder das tecnologias de apoio na educação especial nos países de língua árabe]. Educatia Plus, 33(SI), 181-205.

Al-Sulaimani, R. Y. (2023). *Accessibility of Blended Learning for Special Needs Students in Higher Education* (Tese de doutoramento, Universidade Americana do Cairo (Egito)).

Anggraeni, W. A. (2024). Determinantes da intenção de usar o comércio eletrônico com base no modelo de aceitação de tecnologia. *Mount Hope Economic Global Journal, 2*(1), 8-14.

Azam, W. (2024). A Cognição da Deficiência: Formulação de Modelos e Tendências. *O Jornal SPL de Hermenêutica Literária: Uma revista internacional semestral de pensamento crítico independente, 4*(1), 126-133.

Bacalla, I., Barcelonia, A. L., Gisultura, F., Pacatang, R., Romarate, K., & Cabanilla Jr, A. (2024). Desafios e oportunidades de alunos com deficiência visual em uma Universidade Estadual: Um estudo de casos múltiplos.

Bray, A., Devitt, A., Banks, J., Sanchez Fuentes, S., Sandoval, M., Riviou, K., ... & Terrenzio, S. (2024). O que se segue ao Desenho Universal para a Aprendizagem? Uma revisão sistemática da literatura sobre a tecnologia nas implementações do UDL no segundo nível. *British Journal of Educational Technology, 55*(1), 113-138.

Cano, J. M. M., Santiago, E. G., & Ruiz, M. E. M. (2024). Modelo de Aceitação de Tecnologia (TAM) aplicado a uma Rede Social Disciplinar para estudantes de psicologia online. *Investigação, Sociedade e Desenvolvimento, 13(1),* e7013144782-e7013144782.

Citron, L., & Fuller, M. C. (2024). The History of Disability, Disability Models, and a View for the Future (A História da Deficiência, Modelos de Deficiência e uma Perspetiva para o Futuro): The Past Is Prologue. *Deficiência, Interseccionalidade e Pertencimento na Educação Especial: Práticas Socioculturalmente Sustentáveis,* 150.

Dabi, G. K., & Golga, D. N. (2024). Disponibilidade, consciencialização e utilização de tecnologias de apoio entre estudantes com deficiência visual: The case of Haramaya University, Ethiopia. British Journal of Visual Impairment, 42(1), 177-192.

Dupuy, K. (2021). Educação para a Paz Construindo a Paz e Transformando Conflitos Armados através de Sistemas de Educação (PRIO) para a Save the Children Noruega.

Emara, I. H. (2024). Ensino de jornalismo por um instrutor com deficiência visual: atitudes positivas, tecnologias assistivas e estratégias de fusão. *Prática e Educação nos Media*, 1-17.

Faizefu, A. R., & Neba, B. E. (2024). Uma Perspetiva Histórica sobre Exclusão Social e Deficiências Físicas. *Revista Internacional de Neurociência Cognitiva e Psicologia, 2*(1), 12-18.

Fteiha, M., Al-Rashaida, M., Elsori, D., Khalil, A., & Al Bustami, G. (2024). Obstáculos à utilização de tecnologias de apoio em centros de necessidades especiais nos Emirados Árabes Unidos. Deficiência e Reabilitação: Assistive Technologies, 1-11.

Fullmer, N., & Strand, K. (2024). Fomentando práticas de instrução de biblioteca informadas pelo UDL desenvolvidas a partir da pandemia COVID-19. *Reference Services Review, 52*(1), 163-183.

Gillespie, A., Glaveanu, V., & de Saint Laurent, C. (2024). Pragmatismo e metodologia: Doing research that matters with mixed methods. Cambridge University Press.

Gümü§, M. M., & Kukul, V. (2023). Desenvolvimento de uma escala de competência digital para professores: estudo de validade e fiabilidade. *Educação e Tecnologias da Informação, 28(3),* 2747-2765.

Hoogerwerf, E. J., Mavrou, K., & Traina, I. (2021). O papel da tecnologia assistiva na promoção da educação inclusiva. *Estratégias e ferramentas para apoiar a mudança. Londres e Nova Iorque: Routledge.*

Kabogolo, D., & Mubofu, C. (2023). Explorando a Prestação de Serviços de Informação para Estudantes com Deficiência Visual: Lessons Learned from the University of Dar es Salaam, Tanzania (Lições aprendidas na Universidade de Dar es Salaam, Tanzânia). *Library Philosophy & Practice.*

Kasirye, F. (2024). Uma visão geral da investigação mista e multimétodo. Authorea Preprints.

Kelly, L. M., & Cordeiro, M. (2020). Três princípios do pragmatismo para a investigação sobre processos organizacionais. Inovações metodológicas, 13(2), 2059799120937242.

Kija, L. L., & Mgumba, B. F. (2024). Reduzir as barreiras para a inclusão de estudantes com deficiência visual nas universidades: Focus on educational and psychological needs. *British Journal of Visual Impairment,* 02646196231225061.

Kisanga, S. E., & Kisanga, D. H. (2022). O papel dos dispositivos de tecnologias de apoio na promoção da participação e da aprendizagem de estudantes com deficiência visual em instituições de ensino superior na Tanzânia. Deficiência e Reabilitação: Assistive Technologies, 17(7), 791-800.

Malessa, E. (2023). Aprendizagem reforçada ou esgotada pela tecnologia na educação para a literacia de adultos migrantes na Finlândia: Exploring teachers' experiences and views in pre-pandemic and pandemic times. *Revista Internacional de Tecnologia em Educação e Ciência, 7*(2).

Manase, N. (2023). Técnicas de assistência auto-concebidas por estudantes universitários com dificuldades de aprendizagem. *Jornal Africano da Deficiência, 12,* 1106.

Manirajee, L., Shariff, S. Q. H., Meeze, S., & Rashid, M. (2024). Tecnologias Assistivas para Indivíduos com Deficiência Visual: A Systematic Literature Review (SLR).

Manis, M., Sefotho, M. M., & Ferreira, R. (2024). Envolvimento de especialistas de várias partes interessadas informando o conteúdo do diploma avançado em estudos de deficiência visual. Visão Africana e Saúde Ocular, 83(1), 790.

Mantey, E. K. L., Vanderpuye, I., & Asamani, L. (2023). An Assessment of Inclusive Education Experiences of Teacher-Trainees with Sensory Impairment in Colleges of Education in Ghana (Avaliação das Experiências de Educação Inclusiva de Professores-Estagiários com Deficiência Sensorial em Faculdades de Educação no Gana). *Open Journal of Educational Research,* 75-92.

Mbanaso, U. M., Abrahams, L., & Okafor, K. C. (2023). Filosofia, conceção e metodologia de investigação. Em *Técnicas de investigação em ciências informáticas, sistemas de informação e cibersegurança* (pp. 81-113). Cham: Springer Nature Switzerland.

Muhsin, Z. J., Qahwaji, R., Ghanchi, F., & Al-Taee, M. (2024). Revisão das ferramentas e tecnologias de assistência substitutivas para pessoas com deficiência visual: avanços recentes e perspectivas. *Journal on Multimodal User Interfaces, 18(1),* 135-156.

Mukred, M., Asma'Mokhtar, U., Hawash, B., AlSalman, H., & Zohaib, M. (2024). A adoção e utilização de ferramentas analíticas de aprendizagem para melhorar a tomada de decisões em instituições de ensino superior: Uma extensão do modelo de aceitação de tecnologia. *Heliyon.*

Mulu, E., & Geta, M. (2023). An Investigation of Learning Difficulties for Visually Impaired Students (Uma Investigação das Dificuldades de Aprendizagem dos Alunos com Deficiência Visual). *Ethiopian Journal of Social Sciences and Language Studies (EJSSLS), 10(2),* 99-123.

Munala, M., & Mwendo, C. (2023). *The Implementation of Inclusive Education School Assessments And Learning Outcomes Among Learners With Disabilities In Public Primary Schools In Nairobi County, Kenya* (Doctoral dissertation, The Catholic University of Eastern Africa).

Mungunda, A. E. (2023). *Desafios enfrentados pelos professores de matemática no ensino de alunos do ensino secundário com deficiência visual na região de Khomas* (Dissertação de doutoramento, Universidade da Namíbia).

Murugan, T. (2023). Um estudo de inquérito: Nível de conscientização entre os professores pré-serviço de educação geral sobre tecnologias assistivas para pessoas com deficiência. NCTSIDR-2023, 92.

Ngundo, L., & Muriithi, W. (2023). Melhorar o desempenho académico em contextos educativos inclusivos: Influência percebida dos dispositivos de tecnologias assistivas para alunos com baixa visão em Ruchu e Ithiru Ward, Kandara Constituency. Journal of Education and Practices, 3(3), 60 70.

Oketoobo, E. A., Nnadi, V. M., & Udom, G. R. (2023). Tecnologias assistivas para o ensino de estudantes de ciências agrícolas com deficiência visual nas escolas secundárias. *ESUT Journal of Education, 6*(2), 383-394.

Opoku, M. P., Elhoweris, H., Alhosani, N., Mustafa, A., Alkhateri, T., & Nketsia, W. (2023). Factores que influenciam a intenção dos professores estagiários de educação especial de integrar tecnologias de apoio no ensino de alunos com deficiência nos Emirados Árabes Unidos. Heliyon, 9(12).

Filipe, E. M. (2024). Realização do Acesso, Equidade, Diversidade e Inclusão na Educação Inclusiva: What Are the Missing Gaps in Tanzania? *Revista Europeia de Educação*

Contemporânea e E-Learning, 2(1), 53-65.

Pirzada, G. (2023). Fostering 21st Century Skills Development in Specially.

Prameswaro, I. S., Sembiring, D., Sarip, M., Lolang, E., & Fathurrochman, I. (2023). Identificação de novas abordagens para o ensino baseado em tecnologia da informação para o ensino bem-sucedido da geração milenar que entra na educação do século XXI. Jurnal Iqra': Kajian Ilmu Pendidikan, 8(1), 350-370.

Rufadha, A. & Younis, A. S. (2023). Educação para a Paz: Um caminho para a cultura da paz. Journal of Int'L Affairs, Vol 6, Issue 3 (2023). Universidade Nacional Aberta Indira Gandhi, Nova Deli, e Campus de Kargil, Universidade de Ladakh Kargil - Índia

Rushahu, B. G. (2023). Capacidade dos Professores para Apoiar a Aprendizagem Inclusiva de Estudantes com Deficiência Visual em Instituições de Ensino Superior na Tanzânia. *Jornal da Tanzânia para Estudos e Desenvolvimento da População, 30(1),* 41-55.

Sala-Bars, I., Mumbardó-Adam, C., & Adam-Alcocer, A. L. (2024). Avançar para a implementação do desenho universal para a aprendizagem pelos professores em formação: o papel central da auto-eficácia. *Teachers and Teaching,* 1-19.

Sánchez-Cabrero, R., Sandoval-Mena, M., Saez-Suanes, G. P., &

Prado, E. L. D. A. (2024). Desenho e validação do questionário de clima de sala de aula para uma educação inclusiva (CCIEQ). *Ambiente e Psicologia Social, 9*(5).

Sedova, P. (2024). Modelo de Direitos Humanos da Deficiência. Em *The Palgrave Encyclopedia of Disability* (pp. 1-9). Cham: Springer Nature Switzerland.

Senjam, S. S., Manna, S., & Bascaran, C. (2021). Tecnologias de assistência baseadas em smartphones: recursos de acessibilidade e aplicativos para pessoas com deficiência visual, e seu uso, desafios e testes de usabilidade. Clinical optometry, 311-322.

Shaheen, J., Zaman, M. S., Iqbal, M. N., & Khalid, R. (2024). Papel das tecnologias assistivas na melhoria da qualidade de vida dos alunos com deficiência visual. *Revista Internacional de Questões Contemporâneas em Ciências Sociais. ISSN (E) 2959-2461 (P) 2959-3808, 3*(1), 192-201.

Sikoyo, L., Ezati, B. A., Nampijja, D., Asiimwe, J. A., Walimbwa, M., & Okot, D. (2023). Capacidades do pessoal para o ensino e aprendizagem inclusivos de estudantes com deficiência visual: um caso de universidades públicas no Uganda. *Revista de Estudos de Educação da África Oriental, 6*(3), 174-191.

Singh, V. (2024). Environment, Development, and Sustainability. In *Textbook of Environment and Ecology* (pp. 327-339). Singapura: Springer Nature Singapore.

Smith, J. A., & Osman, T. (2023). "Quadros teóricos em investigação educacional: A Comprehensive Guide". Educational Psychology Review, 35(2), 215-230.

Solem, C. K. W., Deledda, S., Tranell, G., & Aune, R. E. (2023). Procedimento de amostragem, caraterização e análises quantitativas de escória branca de alumínio industrial. *Journal of Sustainable Metallurgy, 9*(1), 95-106.

Tahiri, H. (2023). The Challenges Experienced by Visually Impaired Students in Moroccan Universities [Os Desafios Experimentados pelos Estudantes com Deficiência Visual nas Universidades Marroquinas]. *Revista Internacional de Literatura Inglesa e Ciências Sociais, 13(22),* 225-232.

Tahiri, H. (2023). Os desafios enfrentados pelos estudantes com deficiência visual nas universidades marroquinas. *The Journal of Quality in Education, 13*(22), 1-11.

Tamminen, K. A., & Poucher, Z. A. (2020). Filosofias de investigação. Em The Routledge International Encyclopedia of Sport and Exercise Psychology (pp. 535-549). Routledge.

República Unida da Tanzânia. (2020). Quadro nacional para o desenvolvimento profissional contínuo dos professores. Ministério da Educação, Ciência e Tecnologia. Dar Es Salaam, Tanzânia.

Watermeyer, B., Lourens, H., Botha, M., Khumalo, B., Kelly, J., & Shanda, N. (2023). Aspectos emocionais e corporais na educação de alunos com deficiência visual: A utilização de "painéis de discussão" de pontos de vista na formação de professores. *Revista Internacional de Deficiência, Desenvolvimento e Educação, 70(2),* 169-185.

Zhang, L., Carter Jr, R. A., Greene, J. A., & Bernacki, M. L. (2024). Desvendando Desafios com a Implementação do Desenho Universal para Aprendizagem: A Systematic Literature Review. *Educational Psychology Review, 36(1),* 35.

Índice

MIX
Papier aus verantwortungsvollen Quellen
Paper from responsible sources
FSC® C105338

FSC
www.fsc.org

Printed by Books on Demand GmbH, Norderstedt / Germany